Le petite fleur d´amour

Inhalt   Seite

Dank an Mnemosyne

Beglückt

Ganz wie Du bist,
schlicht und schön dabei,
fein, grazil und frei:
von der Natur geküsst.

Du Tochter der Erato,
stimmst mit Deiner Leier
in mir stete Feier -
und machst mich froh.

Sei gewidmet Deiner Gunst,
alles was der Dichter Kunst -
aus Dir den Geist erquicke.

Mein Dank sei immer,
Dein heller Schimmer,
mich ewiglich beglücke.

Wie Du bist!

Die reine Luft des jungen Tages,
der warme Schein der Morgenröte,
weckt die Amsel mit Geflöte,
so ähst das Rehlein - am Rand des Waldes.

Es ist der Odem der Natur,
der mir gibt, den frischen Mut,
zu sein bei Dir – zu tun gut. -
Mit einem Willen klar und pur.

Es zeigt sich reizvoll das Angesicht,
in allem was da ist und lebt,
klar erkannt im Tageslicht.

Das was ist - was sich erhebt,
verkennt die gute Absicht nicht, -
weil das Leben von Herzen liebt.

Gefüget ist das ganze Sein,
ob grob und hart, ob schlank und fein,
zu loben was sich zeigt in Dir:

Es ist vom Schöpfer wohlbedacht:
So ist es: halb Mensch – halb Tier,
gib´auf Dich acht!: beides ist und kämpft in Dir.

So ist es Plan – gewollt in Stille:
Du darfst im ganzen Leben ringen:
schau in Dich: feiner will es klingen:
befreit der gute Wille:

3

Wie die Erd´auf ihrer Bahn,
um die Sonne – so geht es mir,
weicht das Dunkel auch in Dir.

Nicht ist es der wilde Wahn:
Es ist der Seele Feingespür -
die dich auf rechten Pfaden führ´.

So lieb´das Leben – wie es ist!
und leb´ die Liebe - wie Du bist!

Weite

Ich stehe da, an der Ostsee Strand -
leise rauscht das Schilf,
die Wellen gleiten über Sand -
Maria, Mutter – hilft!

Du mich zu mir selbst geleite,
Deinem Beispiel folge ich,
Du zeigst mir Deines Herzens Weite,
das Wasser spiegelt – ich sehe mich!

Durch Dich – mit Deinem schützend Mantel,
hütest Du das Kindelein in mir,
mit gutem Geiste zeugest Wandel,
und ich die Hoffnung nicht verlier.

Auf Deinem Arme Jesu thront,
aus der Jungfrau Brust genährt,
in Deiner Burg das Leben wohnt,
so wie der Herre es gelehrt.

Es ist Christophoros nicht eine Last,
trägt er durch den Unwill Strom,
durchwatet Fluten ohne Rast,
auf den Schultern: Mariens Sohn.

Hörst Du die Stimme, in Dir tief,
Stille sei - in mancher Nacht,
sie hörte, als Dein Herz sie rief,
die liebe Frau, die Dich bewacht.

Du kannst an ihr ein Muster finden,
Frau und Mutter – hier auf Erden -
und erkennen und begründen,
dass der Herr wollt fleischlich werden.

Denn der Menschensohn ist ganz geboren,
wie ein jedes Menschenkind - auf dieser Welt,
und jeder Mensch ist dazu auserkoren,
liebevoll zu leben, damit es das ganze All erhellt!

In diesem Lichte ist gut wandeln,
in Mariens hellem Widerschein,
und wie Jesu magst Du handeln:
Frag ´Dich beim Tun: Mag ich so sein?

Und kann das was ich mach´ und lass,
für mich und allen Vorbild geben,
so leitet der rechte Geist das Leben,
will ich sagen: Gut ich das!   ist?

Dank an Mnemosyne

Ich seh´ sie da,
gehen und stehen:
wunderbar!

Ein Wesen -
fein und rar -
Es ist zu lesen:

In ihren Augen,
wunderbar!:
der Glanz fürwahr!

Nicht ist´s ihr,
des Hagens List,
wenn das Worte fließt!

Für eine, feine -
Muse – des Licht´s,
ich wieder scheine!

Nur in Gedanken -
bin ich bei Ihr:
ohne Schranken.

Der Himmlischen,
des Augenblickes:
Meines Glückes!
Es sei den **Mneiai**
gedankt für den Mai
mit des Freunden Schrey:

Und dem Hayn,
mit der Geburt Erato´s,
den Geist zu befreyn!

Reichhaltig

Schau um Dich herum,
und öffne Aug´ und Ohr,
pieps und summ,
entlang des Weges,
den Du gehst.
Dort wo die Blumen stehen:

Hast Du die Lilie denn gesehen -
die der Herr hat wachsen ließ!

Das Grün des Blattes,
an stolzem Baum,
die Kühlung des Schattens,
der Tagestraum -
ist für Dich, dem *Menschenkind* -
gemacht, damit das Glück es find:

Im Leben wandeln hier auf der Erde,
auf das es herzlichst lieben werde.

Das Sonnenlichte scheint entlang,
hörst Du der Lerchen Lobgesang,
dort - wo Dein Fuß den Boden küsst,
hat der Herr den Grund gefliest:

- mit weichem Moos und zartem Klee,
schwebst Du darüber, wie die Fee,
lässt Dich sanft an meiner Seite nieder,
in der Brust - da klopft es wieder.

Reichaltig ist Dein Wort für mich,
ist mein Denken auch recht schlicht,
erhebt Dein Wesen mich zu Gedanken,
die gestern waren voller Schranken.

Drum möchte ich,
mit Deiner Grazie Lohn,
erquicken mein Herz -
und Geist in der Passion,
zu beschreiben –
was ist mein reiner Wille:

Deiner ganzen Schönheit Fülle!

Piano

Es ist ein Sein -
voller Behutsamkeit,
unaufdringlich, zart -
von Anmut fein.

Der Seele wahrer Grund -
freundlich gesprochen,
aus die Tiefe der Seele,
tut sich auf dem Mund:

Zu bezeugen den Willen,
der ist gefühlvoll,
und beharrlich -
den Durst danach zu stillen:

Geduldig und froh,
in den Tag zu gehen -
alle Lichter, die da sind -
mit dem Herzen klar zu sehen.

Und friedvoll, wohl zu reden,
milde mit dem Worte,
und vorsichtig -
dem Glücke nah´zu gehen:

Es ist der Weg, den der Herr beschreibt,
auf dass die Liebe täglich bleibt -

ist **Sanftmut** die Weise – und leise!

Berufung

Folgst Du im Sinn,
der Dir bezeugt,
durch jenen, der am Kreuz,
den Leib gebeugt -
fragst Dein Herz,
was ist geboten,
streben darfst Du himmelwärts:

Was sei, das ist - der Engel gleicht
das Haupt des Leids – der Mühen,
und sanfte Stimme mag es kühlen,
was Bürde ist – das werde leicht.

Denn Sanftmut trage Dein Gemüt,
auf das der Rosen Ranken blüht,
in dunkelroten Farben.

Es hat gelobt - zum Schutze,
die Kling'zu führen – und zum Trutze -
Stark künden Deine Narben!:...

...dem Jesukinde – und für Marien.
So sei dem Feind verziehen!

Es ist der Tapfern heilger Ort,
der führt den Geist...
zum sicheren Hort,
wo geschützet ist,
was der Herr verheißt!

So sei Deines Tages Gänze,
erhellt vom lichten Schein,

des ewigen Sein,
geflochten - wie
die Dornenkränze,
doch ohne Schmerz.

Es sind jene guten Geister,
die der Berufung sicher sind -
weil sich der Herr im Menschen find´-
und der Dienst von Demut künd`

Des Windes Hauch

Im Zenit die Sonne steht,
schon länger werden die Schatten,
die Zeit die wir nicht hatten,
kommt- wenn der Mond gen Abend geht.

Des Windes Hauch - noch leise weht,
doch der Erwartung – schwant -
das was die Seele zarte ahnt,
ist, dass sich der Sturm erhebt.

So pocht das Herz, in einsamer Brust,
und harret der Erlösung,
es ist die Qual der brünstigen Lust:

So macht der hohen Minne* Zügelung -
für einen der sich macht den Frust,
die Phantasie Befriedigung.

Wallungen

In der Nacht -

ein leises Schleichen,
ein Schloss-
das in die Türe schnappt,
wie die Wildsau frisst die Eicheln,
und überm Stamm das Blatte lappt -
reibt am Ast - der wunde Mund -: ein Maul
vom Wind biegt sich dann die Leiste -
am Segel – rötlich blau, kaum bunt: gedankenfaul
Das Meiste!

Ein leises Säuseln – frohes Kichern,
ein Huch und Ach – ein lustvoll Lachen,
schläft und will auch nicht erwachen,
nicht schauen, doch der Bereitung wohnen,
lauschen, was da Freude macht. -

Nicht sehen, was da schäumt,
wovon der Löffler träumt -
in der Nacht – wie am Tage -
es ist nicht klar – eher vage.
Nicht verzage!

Es kann gelingen – ein feiner Zopf,
der bedeckt und ziert,
quillt der Lauch in heißem Topf,
bläht der Bauch vom armen Tropf.

Pech hat, wer sich da geniert,
mit Koriander ist garniert - der Kopf -...
der sich von Lauten irren lässt -
es ist dem Gourmet ein munteres Fest,
wenn der Sturm in die Takelage bläst.
Gemäß!

Was brauchst DU ein Besteck für Essen,
an den Finger, kannst mich lecken,
und dabei messen mit dem Loch,
... wie lang es dauert -
bis zur nächsten Woch´,
an dem das Festmahl ist gemacht,

Tag für Tag – und Nacht für Nacht.
Getrieben bis zur Heilsandacht!

Gib´ acht!

Belzebub

Wenn ich Nachts mir wälze,
der Grunde - ist der Belze,
fett und feist,
vom Menschenfraß,
hoffte das Dinge,
die ich vergaß - …

doch vergessen habe ich da Nichts -
ob an der Seine oder der Pfalz:
und auch verziehen wird da nicht,
weil sie machen´s immer wieder,
tuen:

singen dabei Kirchenlieder -
spielen bieder.

Denn was der tat mit seinen Spießgesellen,
Gesellinnen waren auch dabei -
ist an Perversion kaum schon mal gesehen:

Doch Gott gab mir das Auge -
das zu sehen -
leider auch zu spüren.

Auch wie dies Ding -
versucht die Wankelmütigen...
zu verführen.

Es seie Geld und Spaß,
was mache Macht und das.
... in diesem Leben -
nur eine Nehmen -
nicht ein Geben -
und was der hat
ist nur geraubt -

der -
der an allen Enden
schraubt -.

Und wer an
das Ewige
Leben glaubt -
habe schon verloren:

Ja, das Dinge ist verschworen.
Gegen die Liebe
und die Wahren:

- der, der mit seine Hyänen,
tut die Kinder garen:
Gequält hat der sie bis zum Tode,
damit das Fleische werde zart,
und jugendlich schaut der
aus blauen Augen,
auch noch apart:
:- doch stinken tut auch süßlich fad.

Es steiget in die Nase,
drum weine ich in meine Vase,
- wo hab´sie getrieben -
ja immerda und nicht hier,

 :-vor kurzem noch:
an der Saar und auch in Trier, -

immer in des Höchsten Schatten,
weil welche da noch die Hoffnung hatten.

Hunderte Kinder fielen dem zu Opfer,
und waren dabei edeltapfer!

Gebrochen haben die´s Versprechen,
taten es voller Geilheit und im Wahn,
Drogen, Bier und Frauenspan.

Sie trieben es schon als Revolutzer,
die Kinderschänder und Benutzer.

Doch wendet sich die Gou bald gegen sie,
die das Herze reißen, fressen, scheißen,
und dabei nichtmals dem Tiere gleichen.
So haben wir uns gen das gewendet -

weil das Gott und Leben schändet,
und die Lieb´ zum Trug verwendet!
                    Bis es endet!

Der Vielfraß

Für den Gourmand - da gibt´s das
Meiste,
dann plagt die Drosophila den Geiste,
sticht die Mücke in die Seite -
saugt das Blute aus dem Hirn.

Kommt der Liebste spät nach Hause,
stört der Quengler Deine Pause,
hat Dein Filz wieder ´ne Lause,
beisst Dich die Ratte in den Sack,
scheisst die Schwalbe auf die Stirn:

Denke nur: Es ist der Firn!

Denn wenn es juckend ist, dann kratz,
– selber – oder frag´ den Schatz,
– denn am Rücken – selbst mit
  Bücken,
– kommst Du alleine doch nicht ran.

Wie der Schleim der Dilettanten,
dringt der Glibber in die Falten,
denn die Angst vor dem Veralten,
lässt dem jede Glut erkalten.

Siehst Du dann die Warzen wachsen,
gönnt der Vielfraß sich den Haxen,
das, was sich als Gourmet bezeichnet:
In Wahrheit in die Tasche schleichet.
Um zu fressen, die besten Teile,
dauert es auch eine Weile,
unterm Strich – ist´s dann auch wenig,
weil er meint – der Gast ist König.

Mit den Mädels, denke: das kriegt der
hin,
stützt sich auf sein Doppelkinn,
verkauft sich als - er sei der Sinn,
es mache nicht irre sondern findig,
:Nun – ich denke: das ist sündig.

Denn er meint noch, "das hält jung,..."
...da beiß ich mir lieber auf die Zung´.
Er ist nicht der Frauen Werber,
sondern mieser Spielverderber.

Auf der Straße -

so hört man das,
liegt Gold und Geld -
so manches Fass
und auf dem Bordstein,
steht die Schwalbe,
bietet das Ganze, für das Halbe,
und findet machen dummen Stecher,
Suffkopf, Spieler und auch Zecher.
Gehen gerne mit dem Becher,
zu der Tränke – mit dem Fächer.

Im Casino sieht man Sie,
am Tische Karten spielen,
dumm das ganze Hab und Haus,
auf die Zahlen im Roulett,
und mit dem Kinde tuen sie dealen.

Da findet die Schlampe doch ein Bett,
denn sie schaut ganz frisch und nett,
trägt nicht nur Straps, sie hat auch Hut,
der Nerz, der steht auch ihm ganz gut,
sie stehlen, lügen und betrügen -
sich durch das Leben – und verlieren,
und nennen sich lieb´ Hasimaus.

Gehen fein zusammen aus!:
Reden dann – und können´s fühlen,

sitzen bald neb´ allen Stühlen,
können sich nicht wirklich lieben,
und meinen: sag´s dem Herre nicht,
denn dieser könnte – das meinen alle,
besser gehen in die Venusfalle: Halte dicht!

Drum treibt da einer sein Geschäft,
mit dem, der mit der andern schläft,
und hat ´nen Heidenspaß daran,
dass man sich nicht lösen kann,
aus der vertrackten Situation,:
es sei ja nicht die Wa(h)re Liebe
und ich finde wohl - wir wussten schon:

Drum freut sie sich über die gülden Klicker,
denn ihr Stecher, ein wahrer Ficker,
kann ihr was stecken, das ist diskret,
doch eigentlich dafür zu spät.

Darum stört es uns gar nicht die Bohne,
sei es auch dem Gefühl zum Hohne,
das sich die Nutt´am Vögeln freut,
auch wenn´s sie dann ´ auch wied´ bereut´.

Es ist doch Spaß und nur ein Spiel,
wir erwarten ja auch nicht zu viel,
...wenn sich die Sau zum Eber findet,
und das Schwein den Dummfick schändet!
Falsch gemacht

Tust Du das Eine,
mit einem Andern,
gehst Du spazieren,
willst Du wandern?

Musst Du nur sehen, was passiert,
wenn du Dir das Bein verdrehst!

Hast Du geschwindelt,
gar gelogen,
machst Du was falsch -
und hast betrogen?

Nützt es Dir Nichts, bei weitren Taten,
wenn Du leugnest, lass Dir hier raten:

Denn kleine Lügen werden mehr,
und mache Dir das Leben schwer,
weiter machen auf diesem Weg?
Glaube mir – ist grund verkehrt,

Du rechtfertigst Deine Fehler weiter,
und das Herze, was einst heiter,
ist befasst mit Wie, Warum?
Solch ein Tun..das ist recht dumm!

Und immer weiter in der Spirale,
und schon nähert sich der tiefe Grund,
wird aus Lug´ dann Selbstbetrug
und für den Teufel ist´s dann genug.

Hat er gewonnen Deine Seele,
und beherrscht nun auch Deinen Geist,
bei Zeiten Ehr und Wahrheit wähle,
damit Du nicht vergessest - wie Du heißt!

Zu machen Fehler, ist nicht schlimm,
das ist immer – und bei jedem drin,
sich ehrlich machen auch nicht schwer,
zieht man es nicht zu lange hin – und her.

Bildet man sich doch dann noch ein,
ein Fehler möge rechtens sein,
ist es wie vorher gesagt:
es heftig an Dir selber nagt.

Such` die Wahrheit in den Dingen,
und die Liebe wird gelingen!

Die Maus

Wenn Du denkst, der kleine Hans,
der mit seiner Freundin tanzt,
der lernt früh - schon allgemein,
wie wird es im Leben sein.

Und wenn Hänschen ist dann älter,
träumt er – und dann schwälgt er,
von der Freundin seiner Schwester,
und in der Schule ist er Bester.

Kommen dann die ersten Pickel,
nennt ihn die Lehrerin nur "Nickel",
und Klärchen von der ersten Bank,
zieht schonmal die Knöchel blank.

Und immer schwerer wird die Schule,
die schönsten Augen hat doch Jule,
und die Marie, die längsten Wimpern,
und auf den Rippen lernt er klimpern.

Und ist die Matura dann geschafft,
merkt Hans, dass 'ne Lücke klafft,
zwischem dem, was er wohl kann,
und was man so will, von einem Mann.

Das Lernen nimmt wohl nie ein Ende,
wohl am Besten, wenn "ich" blende,

...doch auf dem Boden des Realen,
treibt es ihn zu dem Fatalen!

Neben allem Schein und Biedersinn,
erhebt er stolz sein Doppelkinn,
und treibt es ganz und gar zu bunt,
und wedelt wie der letzte Hund.

Der Reim hier ist sehr wohl bekannt,
....was der Hans im Leben fand,
was der tut - mit seinem Wissen,
lässt an *Moral und Stil* vermissen.
: Der hat beschissen!

Die eine sagt: Der Hans der kann´s,
der tut´s eben mit seinem Glanz,
doch ist es ehr´ des Hangen´s Tat,
und am Ende Selbstverrat.

Auf dem Sterbebette noch,
trägt der alte Hans das Joch,
das er sich hatt´ aufgeladen,
als er den Teufel eingeladen:

Ihm verkaufte Geist und Seel´
für den Mammon:- Was für ein Fehl!

Da beißt die Maus den Faden ab,
und Hännschens Tage werden Nacht.

Flip-Flap

Siehst Du bei einer eine Warze,
bei der anderen eine Scharte,
oder ist der Arsch zu dick,
reicht es nur für ein kurzes Glück?

Hast gesehen viele Motten,
Segeln an der Küste Flotten,
möchtest Du die feste Waden,
oder auch die dicke Made?

Mag´s Du ein Bierchen, auf die schnelle,
ist die Eine dafür zu helle,
hast Du gesehen die harte Kante,
den Rüssel von ´nem Elefante -

fragt Dich die Eine nach dem Sinn,
 den kriegen wir doch beide hin?
Es ist die dumme Arroganz,
denk´ Du dabei an eine Chance!

Du bis toll, von der Verführung,
willst die heiße, starke Führung,
aber denkst dabei an Dich - !?
glaube mir – das klappt so nich´!

Denn Toleranz,
ist nicht Arroganz,
bei machen aber Toleranze,
und die sauget – wie die Wanze.

Selbstbestimmt

Es ist ein ewig Eifern,
bei manchem schon ein Geifern,
was der eine will,
ist die Beliebigkeit,
zu tun und zu lassen,
wie gerade das Gefühl -
doch ohne was zu denken,
egal sei da die Konsequenz.

Wie gerade ist's im Kopf,
schmeiß' einer alles in einen Topf,
geht nur nach der geil-Begierde,
rennet mit - und vor der Herde,
egal ist dem, was morgen werde.
Denn der Schmerz hat mich getrieben:
will und soll das Recht nicht biegen,
meint: Gewalt und Masse wird schon siegen.

Freiheit - steht auf ihren Fahnen,
begründen damit Tod und Mord,
wollen herrschen in Unart –
hier und an jedem andern Ort:
Damit das Gesichte wird apart:

Doch ist es denen nur ein Mittel,
blutbespritzt ist deren Kittel,
lasst euch vor der Raserei nur warnen:

Denn es ist ein Vehikel – für die Macht -
doch Mord ist da nicht angebracht,
weil der Tyrann - der muss hier weichen,
darum stehen stolz die starken Eichen,
geht der Mob auch über Leichen:

Sterben werden nicht nur die Reichen.
Der Blutzoll ist nicht dann getan,
wenn Wut steigt in den Größenwahn.

Drum denket bei der Revolution,
da sind Welche, die wollen schon,
euch missbrauchen zu ihrem Zwecke:
und am Ende seid ihr wieder, in der Ecke,

- das verrecke, auch noch mit Hohn?
Besser mit der Zeit, lenkt eine Wende:

Was ist des Ehrlichen ein Lohn?

Und gerechte, wenn auch hart :-
nämlich wird´s zum guten Ende:
Wohl dem, der mit dem Worte spart:

So ist´s besser mit der Zeit,
sanfter - ist die Evolution!

Gute Weile macht den Geiste weit:

Es entwickelt sich die Einsicht da,
in Liebe das Leben auf höchstem Thron.
wo Erfahrung zeiget: Was ist wahr:

Mit klarem Verstand bleibst Du Dein Herr,
der orientiert ist auf den Menschensohn -
und niemand wendet Dich zum Knechte:
Die freie Frau - ist selbstbewusst und schlau!?:

Wenn sie ist sich klare, was da ist,
und er weiß, wem sein Leben dient,
Übermut: - und ohne List!
Aufrichtig ist aufrecht. Nicht gemimt.
Niemand zwingt den Geist in Ketten,
der klug ist und besonnen, -
so wird die Freiheit dann gewonnen:
Wenn der Verstand bleibt selbstbestimmt -

und das Lied der Freiheit klingt!:
Von einem Chore und Dir selbst
- mit angestimmt.

Muth -

ist nicht Angst.
Nicht das Gegenteil
von Feigheit.

Ist die Überwindung,
von Furcht:
Die Kalkulation
des Risikos.

Ist Evolution.
Schutz vor
Manipulation -
Konzentration.

Ist Erfahrung,
langer Jahre,
ererbt - in Jugend: Geübt
Als Vernuft eine Tugend!

Ist Zurückhaltung,
vornehmer Art,
ist Vermeidung:
die das Leben wahrt!

Mutig sein: ist Edel,
wenn es beherrscht:
Durch das Selbst,
bewusst eine Haltung:
Gebot und gerechte Waltung

Ist nicht Zweifel,
ist Gewissheit:
Ist Glaube und Zuversicht:
In Liebe zur Tat!

Edelmut hat Mitgefühl,
kommt von der Seele,
bei Unrecht gar nicht still,
zu tun was gut:
aus Einsicht:
Ist Muth:
Zu wenden die Not.

Eine Reaktion,
auf die Gefahr,
die Flucht,
vor dem Fanal!

Ist nicht zu forsch,
kein Drang,
ein Affekt:
Was dahinter
steckt?

Ist die Vernuft!

Die Realisierung -
die Attribution
der Erregung: -
durch den Verstand!

Woher es kommt?

Hast du gewonnen einen Preis,
lädt Dich ein Freund mal auf ein Eis,

ist ein Kompliment zu Dir gedrungen,
hörst du guten Ton aus Bardenzugen,

bist Du alleine – mit Dir:- und zufrieden,
hast Du einen Menschen, zum herzlich lieben,

hat der Tag gut angefangen,
küsst Dir einer auf die Wangen,

ist Dir ein Worte gut gelungen,
ist der Spaß ganz ungezwungen,

macht Dir jemand große Freuden,
hörst du von Fern ein Glöckchen läuten,

streichelst Du den Hund, der kräftig wedelt,
ist mit dem Wein, der Trank veredelt,

weinst Du, weil dir danach ist,
oder lachst Du, wenn Du fröhlich bist.

Trinkst Du das Bier in einem Zug
....und merkst, das war wohl dann genug!

Oder war gerade was schön,
behaucht Dich ´ des warmen Windes Föhn.

Hattest Du 'ne gute Mahlzeit,
schwindet Dir ein Herzeleid:

so bedenke: Woher das kommt!!!

Ist dir dann müde – der Tag vollbracht:
Sag´ Dank´in einer Mai-Andacht.

Relativ

Schau in Dein Gesicht,
in hellem Licht:
Nicht auf die Uhr,
zähl´ nicht die Stunden nur:

In jeder einzelnen Sekunde,
schlägt und heilt die Zeit die Wunde,
furcht und glättet Leben Falten,
lässt Du den nur den guten Herrgott
walten.

Wo des Lebens Gänze,
- das Auge wahrhaft glänze,
umgeben ist von Jahren,
hast Du Tag und Nacht erfahren.

Das was die Zeit in Dir vollbracht -
ist´s die Helligkeit der Nacht?
Ist´s ein glückliches Erwachen?:
Jeden Morgen – mit einem Lachen.

So stehst Du immer in Beziehung,
zu dem, zu was, zu dies und das,
und was immer ist in Dir geschehen,
wird man in Deinem Antlitz sehen.

Ob Trauer, Liebe, Frust – ob Glück,
das Leben ist tägliches Geschick,
das der Höchste für Dich fügt,
die Freiheit in Deinen Händen liegt.

Von je her nicht ohne Prägung,
jeden Blick mit einer Zählung,
ist auch immer eine Ahnung:

- sei der Schmerz Dir eine Mahnung.

Hast Du Tage dann erlebt,
ein Engel an Deiner Seite steht,
weißt Du nächtens eine Bürde:

Gereicht im Gelingen Dir zur Würde!

Stille :
Du siehst -
und redest nicht:

Du fühlst,
und eilest nicht:

Du weißt -
und denkest nicht.

Du denkst,
und schweigest es!

Du sprichst -
und schreibest nicht!

Du schreibst -
und machest nicht!

Du tust,
und lässt es nicht -

Denn was Du denkest,
ist erfüllt von Liebesstreben,
nach dem wahren, echten Leben.

Denn was Du fühlst,
ist dem entsprechend,
im Leben stetig lächelnd.

Wer weist!?

Und was Du weißt,
ist ein Tropfen nur,
aus dem All´ in der Natur.

Und was Du sprichst,
sei rein und wahr,
hütest stets, was rar.

Und was du tuest,
ist sanft und gut,
beruhigt sein,
wird Muth und Blut -

und hältst so stand,
der Lüge – und
der Intrige -

läuft die Falschheit
ge´n die Wand!

So reicht die Wahrheit:
Dir die Hand!

Dolce Vita

Suchst Du die *Leichtigkeit im Sein*,
den ganzen Tag voll Sonnenschein,
die Nacht voll Liebe:

Es wäre besser, wenn ich schwiege!

Fragst nach erotischem Erleben,
ist Glückseligkeit Dein Streben,
willst über alle Grenzen gehen:

Hast Du gehört, das sehnlich Flehen?

Willst Du, dass Dein Herz sich regt,
das sich die Blume nach Dir dreht,
die Blicke ganz auf Dir verweilen:

Kannst Du denn auch redlich teilen?

Hast Du die ganze Nacht getanzt,
suchst Du nach der größten Chanc´,
und das es sei ein schönes Spiel:

Dann erwarte nicht zu viel!

Denn es ist das Wollen vieler,
das Tun - der gedankenlosen Spieler,
die mit Geld und Gold den Kopf verdrehen:

Du kannst es in ihren Augen sehen!

Alte Pralinen

Es ist traurig,

schade und zu beklagen,
dass sie –

anstelle sich zu betragen -
an der Frucht des Leibes laben,
was da ist – in aller Form:

krank und deutlich ab der Norm -

Sie haben bei der Titte,
rechts daneben – ab der Mitte
und nicht nur die Muße - zu verweilen,

wollen sich statt dessen sehr beeilen,
und zu allem Überfluss:

auch noch ne`tschuldigung
besagen – zum schlechten Schluss:

Es ist der Hexen Eigenart,
zu singen fein,
zu schauen recht apart,
um im Monent darauf:

zu verraten,
und durch das Blut
des Kindes waten.

Und wer jetzt meint,
das seien alte Pralinen,
die da durch die Hose schienen,

dem sei versichert,
dass die Hexe auch - noch kichert,
oder sogar Laute lacht:

Nein – das ist nicht angebracht.

Es gibt sie heute - so wie früher,
nur die Nacht ist noch etwas kühler,

Manches, was da männlich findet,
in Wahrheit solche Schand verkündet,
und dazu auch ´ne Loge gründet.

Dies ist auf Dauer nicht zu dulden,
doch seid gewiss - das Dinge lernt

durch das Nämliche – in Gulden
am gleichen Schiss! Dem sei Gewiss!

Du warst - mir einst...
ein Augenschmaus: so angenehm.

Mit Freuden sah´
ich Dich kommen,
auf Deinen Wegen
bat ich Gott um Segen,
dass er dich leite - .

Was die Natur,
Dir mitgegeben -
was ich sah -
voll frohem Leben,
erquickte meine Seele...
...doch...das Aug – nur scheinbar bläulich klar:

es ist, als Du für das
Verkaufen
an dem Blendwerk hingest,
hinterhergelaufen,

bist dem Hagenglanz,
der nichts hat - und auch nichts kann
verfallem dem Schwanz – der „for fun".
Lies doch mal die Fablen,
da sind die, die mit den Gabeln,
schabeln.

Und dann und wann:
Nicht dass ich Dir
daran alleine -
gäbe Schuld!

Es ist nur Deine Ungeduld.
Wankelmut statt Liebesglut,
säuft statt Wasser blaues Blut.

Für Leib und Fraß,
da gäb der was -
doch tuen musst Du
es recht -

denn wenn Du vorziehst,
dem Herrrn, den Knecht-
der Dir das Selbe,
mehr noch bieten kann?

Und dass Du ihn auch noch
verspottest,
wie sich die Menge ums
Falsche rottet -.
Verrucht, verlogen und verdorben -
ist das Ding endgültig gestorben.

In der letzten Konsequenz,
weil es dem Guten das Spiel verdirbt,
und nur Anteil gibt: damit er sich,
in seinem Scherze noch verleibt,

Nebst Körper – auch der Geist:
und die Seele stirbt.

Nicht entfleucht, sondern ganz verschwunden.

Berufung II

Folgst du im Sinn,
der Dir bezeugt,
durch jenen,
dessen Leib,
am Kreuz,
gebeugt -

fragst Dein Herz,
was ist geboten,
streben darfst Du
himmelwärts:

Was sei, das ist - der Engel gleicht -
das Haupt des Leids – der Mühen,
und sanfte Stimme mag es kühlen,
was Bürde ist – das werde leicht.
Denn Sanftmut trage Dein Gemüt,
auf das der Rosen Ranken blüht,
in dunkelroten Farben.

Es hat gelobt - zum Schutze,
die Kling´zu führen – und zum Trutze -
Stark künden Deine Narben!:

dem Jesukinde – und für Marien.
So sei dem Feind verziehen!

Es ist der Tapfern heilger Ort,

der führt den Geist...
zum sicheren Hort,
wo geschützt ist,
was der Herr verheißt!

So sei Deines Tages Gänze,
erhellt vom lichten Schein,
des ewigen Sein,
geflochten - wie
die Dornenkränze:

        ....die der Berufung sicher sind -
        weil sich der Herr im Menschen findet -
        und der Dienst von Demut kündet -

so ist der Schlange lindt -
...den Kopfe keinem Falschen neige... .
den Lügenschwur verneine -

und schweige!!!

Lebensmuth

Ja - danke -
sage ich der Fee,
wenn ich Ihre Augen seh´
für das - was sich auf freien Stücken,
mit Müh´ und Frust- für Geld zum Ficken -
für den Leib des Lichtenbringers -

dem Reichen dort das Arschloch lecken...
füllt – was ist noch voller Lücken,
Verrat und Lügen, voller Tücken:
Tischerücken...

...denn mit dem Ton – es macht sich fast,
- erhebt sich langsam wie ein Mast,
- das, was ist nur aus Eigenwill,
und halten wird er ohne Hast.

Schweigen kräftigt – drum halt still -
und prall und voll färbt sich vom Blut,
"ob fein, ob pein – so mach es gut",
und versagen wird es – was es will -
damit entstehe möglichst viel,
Lust und Spaß – bis zum Verderben : - auf Erden -
   ...so soll´s nicht werden.

Ja danke -
sage ich der Fee,
wenn ich Ihre Augen seh´
für das - was sich auf freien Stücken,
mit Spaß und Lust,
und Rückenbücken -

für den Leib des Lichtenbringers -
füllt – was ist noch voller Lücken,
denn mit dem Ton – es muss ja glücken,
erhebt sich langsam der feste Mast,
- der ist nur aus Eigenwill,
...und halten wird er ohne Hast,
schweigen kräftigt – drum ist´s still -
und prall und voll färbt sich vom Blute,
"denn jeder Hengst kriegt seine Stute",

...und versagen wird er – was er will -
- damit entstehe heiße Futt:

Freude, Spaß und Lebensmutt,
-- auf Erden -

...so kann es werden.

Danke – Ja !
sage ich den Feen,
sind wirklich göttlich
anzusehen...
für das - was sie auf freien Stücken,
mit Spaß und Lust und feinen Blicken,
ein Augenaufschlag – heiß und kalt,
für des Leibes Schöngestalt...
füllen – was ist noch voller Lücken,
denn mit dem Ton – es möge glücken,
erhebt sich langsam in die Höhen,
das, was sein soll: Wahr und Gut.

So ist es der guten Geister Wille,
in Ruhe und tu´ mit ganzer Kraft:
Schweigen kräftigt – und sei stille -
so ist das Werk auch bald geschafft.

Das wirken darf durch Jesu Leib und Blute,
im Herzen leuchtet der Liebe Glut -
damit entstehe hohes Gut:

Freude, Spaß und Lebensmuth, -
- auf Erden -
...so soll es werden!

Zeitliche Sonette

Winter

Tagelang

Schau – der Tag nicht kürzer wird,
nun kommt die Sonne wieder,
schon erklingen Wonnelieder,
geboren ward der gute Hirt.

Er kümmert sich in dieser Zeit,
um das – was ist ihm anvertraut.
Er hat hier eine Hütt´gebaut,
damit ihm werde auch kein Leid.

Denn zusammen werde warm,
das Herz, die Seele und der Leib,
mit deinem Lächeln und deinem Charme.

Auf diese Art – und frei vom „muss",
vergeht selbst in der Dunkelheit,

der übelste Verdruss!

Januar

Herzenswärme

Es ist die Zeit der Kälte,
Schneegestöber übers Land,
Eiszapfen hängen an der Wand,
klar blickt das Auge in die Weite.

Er hackt das Holze für das Feuer,
die Frau hält das Kinde warm,
sie wiegt den Schatze in ihrem Arm,
ein reines Leben ist nicht teuer.

Still trinkt der Sprössling Milch,
es kauen Vater und Mutter hartes Brot,
in Liebe gibt es keine Not.

So stürmt es rau über dem Schilf,
als die Sonne fällt des Tages Lot,

des Fischers Tun aus seinem Boot.

Februar

Schneeglöckchen

Zaghaft durchbricht das Licht,
trifft auf den kühlen Schnee - der weicht,
taut zu Wassertropfen das Eise leicht,
... tränkt was keimt noch schlicht.

Mit Vorsicht reckt ein Blatte grün,
die weiße Blüte zur Helligkeit,
den Kopfe senkt - wie das Kirchengeläut,
zu leichtem Dunst die Wolken flieh'n.

Die Frühjahrswärme treibt hinfort,
teils schützt, teils hemmt der Frost,
dränget hervor an manchen Ort.

Schau auf die Weide,
es regnete vom Blatt hervor,
kleine Seen in der Heide.

.

März

Die Iden

Es war der frühe März,
als man zu Julius ging,
abzuziehen ihm den Ring,
zu stoßen in sein Herz.

Bei seinem letzten Atemzug,
fragt er Brutus, den er so lieb´,
von wem kam wohl der Hieb,
der ihn streckte, in Lug und Trug.

Er gab in blauen Äther,
mit seinem letzten Odem doch,
und sah an - die Verräter.

Auf Adlerschwingen trugen fort,
in den Hain- hinein,.. etwas später,
den Geiste: - er lebte noch.

April

Frühlingsgefühls-Erleben

Im Walde blüht Vergissmeinnicht,
der Krokus steckt seinen Halm empor,
Apfelblüt´ und Kirsche kommen hervor,
und der Löwenzahne drängt an das Licht.

Die Bienen sammeln schon,
den Nektar vom Weidekätzchen,
aufs Ohr – den Kuss - für´s Schätzchen,
bunte Frühlingsfarben sind der Lohn.

Nicht alleine - will der junge Mann
im Frühling wandern den Berg hinauf.
Er schaut – und lacht Dich an.

So lächle zurück, und freu' dich drauf:
- so seid ihr zusammen - dann und wann,
und durchgeht den Jahreslauf.

Frühlingssonett

Wenn der Lerchenschlag
und der Morgenstern,
zu sehen in den Höhn,
grüßt der neue Tag.

Und der Spatze pfeift,
durchdringt die Nebelschwaden.
Der frühe Keim der herbstlich Gaben,
taut das Sonnenlicht den Reif.

Weicht langsam der nächtliche Frost,
der Wärme - der Morgenröte,
fließt vom Halme der Tropf":

getrunken ohne Nöte,
vom Vöglein ganz unerkannt,
wie auf des Meisters Flöte.

**Es ist Gottes Odems März,
der leichte Streich des Windes,
das Lachen eines Kindes,
was erfreuen tut mein Herz.**

Maien

Weiße Unschuld

Der Holunderblüten Dolde
steht an des Maien ersten Tagen,
soll die Hummel nicht verzagen,
–   das was sie von ihr sollte.

Es ist zu nähren ihre Brut,
für Leib und für den Geist,
das was an Frucht ihr ist verheißt,
soll werden in Liebe kühles Blut.

So schau ich ihr ins Angesichte,
das mir verspricht – und sagt es nicht lau -
ein Weiß ist wie das helle Lichte.

Du bist mir ganz und gare einzig,
wenn auch Dein Auge sprechet blau,
für Dich da bin ich - und tue fleißig.

Juno

Jahreswende

Es ist des Tages halbe Zeit,
in der Nacht der Jahreswende,
Sonn´ und Mond reichen sich die Hände
die Natur ist für den Mensch bereit:

Es ist des Sommers volle Pracht
Ob Reh, ob Hirsch, ob Has´ – die Bach,
es steht der Jäger auf der Wach´,
und schießet mit der Flinte Macht.

Es ist Dianas Zeit und Revier,
schütz' sie das Kinde - und die Frau -
vor dem gefräß´gen, wilden Tier...

wie Apollon – des Leto´s Sohn
hat im Visier die wilde Sau ...
in der Nacht der Reflexion.

Sommersonett: Oder:

Die Neigung zur Nacht

Es ist ein Sonnentage,
in solchem Frühling,
spricht's zum Spatze: "Sing",
weil ich's nicht wage?

Nur weil geht die Sage,
das geschnitten von der Kling',
trägt die Jungfrau schon den Ring?
Ist die ernste Frage -.

Sie ist versprochen,...
hat sich verschenkt,...
...wer hat ihr Herz gebrochen?

Da – der - das Geschicke lenkt,
mir schwante es seit Wochen,
...wie wenn er den Sommervogel fängt?

Dein Antlitz sagt mir mehr,
als das Lächeln einer Nymphe,
ein Lachen voller Heiterkeit,
es heilt die Zeit – schon etwas her.

Da schau ich die Gestalt,
sie eilt an mir vorüber,
wünscht ich, sie riefe lieber,
...doch mein Gesichte schauet alt.

In Gedanken im Auenwald,
mir scheint es wie ein Fieber,
ist es der Biss einer Viper,
so - gelebt mein Dasein bald.
Doch nein, sie spricht ja süß,
weiß das Wort zu wählen,
als ob sie mit dem Auge küss´ -

will mich wohl nicht quälen,
drum der Abstand ist so wüst,
mag ich sie – sie mich erwählen?

Mit Dir zu sein, das scheint nicht schwer -
weil Du bezauberst voller Leichtigkeit,
was Dich umgibt die Natürlichkeit -
die ich verehr'!

Was fällt ihr leicht,
der Jugend Freiheit,
ist mir schon Leid,
doch... der Gedanke weicht.

Was ist ihr eigen,
frei und unbeschwert,
sei mir verwehrt -?-
ein schwermütig Leiden?

Das zu besiegen ist mit Ihr,
ein Wort nur, eine Geste, ein Minenspiel,
was irritiert und fesselt die Lust in mir?

Die Erwartung ist wohl viel zu viel,
ist es noch Lust – oder schon die Gier,
vor keiner noch - ich auf Knien fiel.

Doch mit Dir, da könnt ich's tuen -
immer wieder auf ein Neues -
mit Eifer – ohne auszuruhen,
Dein Herze - wichtig, ist ein treues!
Doch kommt die Euphorie,
im Anblick feiner Züge,
nein – es ist nicht Liebe,
mehr Begehren einer Phantasie!

Doch muss es so bleiben!
Sonst werd´ ich toll,
der Gedanken voll,
beginn ich zu übertreiben:

Bis in meinem Kopf
steigt mir das Gefühl,
magst denken armer Tropf.

Den Verstand zu verlieren,-
seh´ ich Deinen Zopf,
um in den Lenden es zu spüren.

Er kräftig meiner, Deine Zierde,
kein Mangel der erkennbar - eben,
denn was die Natur Dir hat gegeben,
weckt in mir heiße Begierde.
Vernüchtern will ich meiner,
damit ich nicht bedränge,
denn in solcher Enge,
findet sich sonst der Freunde keiner.

Niemand sucht die Ketten,
die binden den Verstand,
drum lös´ ich auch die Hand,
von jedem unfrei Tun.

So verstehst Du meinen Willen,
der mich zu schreiben treibt;
es ist ein Durst zu stillen.
Es ist nicht Frau - noch Weib´
es ist etwas zu füllen,
was meiner selbst zerreißt.

Doch brauche ich das Ungewisse,
das mir der Fragen Antwort schuldig,
auf diese Weise: Sei gehuldigt
einer Sehnsucht gut, wenn ich vermisse.

Doch Du – die mir gegenüber,
voll die Lippen – sind Rosa zart,
mit Lobe Deiner, - wer da spart,
ist blind – bringst mich erneut ins Fieber.

Der Anblick Deiner weißen Haut,
mich drängt die Vorstellung in Dir,
dass ich die Fassung bald verlier´
Begierde ist´s – ich sag´ es laut:

Die Brauen markieren Dich apart,
Verlegen Du Dich meinem Aug´entziehst
wird mir mein Wille hart und stark -

:tue nicht - als ob Du fliehst,
schau Amor sieht mich an – und lacht,
bis sich der Freudentränen Strom ergießt.

Denk nicht, dass ich der Schmerzen fröne,
zu sehen Berg und Tal, die Gipfel – wie den Fluss,
es ist des Lebens unfassbar Schöne,
wenn ich mich Deiner erinnern muss.

Und am Sonnentage – glaube mir,
liege ich am Strande an der Ahr -
denke wie schön es Nächtens war...
das warme Lichte, es schmeichelt Dir.

Mit dem Blicke himmelwärts,
steigt zur weißen Wolk - die Nebelschwade,
küsse das Muttermal auf Deiner schlanken Wade -
in des Frühjahrs mittagssonneheißen März.

Die Hitze treibt das Wasser aus den Poren -
ein glänzend´ Schimmer befeuchtet Deine Lippen,
feine Perlen entlang der Fug´ gezogen.

Samtig fühl´ ich bei Streichlen deiner Rippen,
wie des Meeres sanfte Wogen,
will an diesem feuchten Tropfen nippen.
Du machst mir Durst, es ist mein Wunsch,
zu trinken aus Deinen Krügen,
den "panta rhei" wie es fließt in mich,
so kommt es hervor für Dich – geflogen!

Beschreiben will ich das noch eher,
was mich zu Dir bringt -
Dein Lachen – eine Engelstimme klingt,
erfrischt das Herz – und will noch mehr:

Erleben mit Dir den Tag, die Nacht,
mit Wort und Tat in Dich vorzudringen,
hör, was die Elfen lieblich singen,
wenn über uns der Mond hält wacht.

Und der Sternenschein am Firmament,
jed' Lichtlein sei dort eine Seele,
die sich mit uns freut, weil sie es erkennt:

Den wahren Willen zu lieb und treu,
der recht verstanden ist von Herzen,
und lässt bei unserm Menschsein, die Lüste frei.

Selbst wenn die Seele flöge, wie ein Schmetterling,
so bleibet doch der Geist und Wille fest,
es ist mehr als nur das eine Ding -
was uns die Liebe erleben lässt.

Bin nicht anders als auch Du,
gemacht aus Staub der Erde,
will – das, was nicht ist, noch werde,
gut soll's tuen, kostet es mir auch die Ruh'.

Gehe auch über Kohlen – ohne Schuhe,
und laufe auf der Scherbe,
reit' voll Weh - ohne Sattel die Pferde,
damit ich erspüre den Schlag der Hufe.

Mir ist der Schmerz nicht eine Pein,
sondern die Lust am tiefer Lieben,
hat der Sinn da ein weiteres Sein?

Was hat das Schicksal es schon getrieben,
so trank ich zur Betäubung Wein,
doch ist die Wund´geblieben.

Aber das Gute der Verletzung – ist Erfahrung,
dass mein Wesen gerne mit Dir teilt
drum ist der, der sich zu sehr beeilt,
für den Betrachter eine Warnung.

Doch als Bacchus sah die Stelle,
brach er mit einem Lachen vor,
weist - ? - beim Feste – hinterm Tor,
spürst Du die ganze Elle!

Denk´ nicht es ginge auf die Schnelle,
Geduld - und schau auch auf das Flor,
die schwarze Seele singt im Chor -
und Achtung hat – auf alle Fälle.
Sei wie du bist – und tu was Du willst,
begnüg´ – dich nicht. Vergnüg´ dich nur,
wenn Du ein menschliches Verlangen stillst.

Der Biedermann stellt sich stur,
und ist beschnitten und beschränkt: Du schielst?
Wonach – dem Gelde – so schelten sie dich Hur´.

Gewiss ist im Dasein Eines:
dass Du nicht sterben brauchst,
ein Fehler ist ein Kleines,
und gut, wenn du da nicht schaust.

Bin auch das Gegenteil – und rau -
hoffe ich, das es sich ergänze,
und weiß wohl, Du magst die reifen Lenze,
der Tage voller goldfarb´ - die Woche wie die Au`.

Komm trink aus – gefüllt sind alle Vasen,
gebraut, gegoren und gekeltert – ist das Leben
so ist der Saft der prallen Reben -
was Du willst – das tu - und frag nicht deine Basen.

Es ist, wenn Du an meiner Seite sitzt,
der Sinn, sich wie von alleine ergibt,
ein Wortwitz – in Geisteshöhen blitzt.

Nur wenn es Deiner Zunge wohl beliebt,
zu kosten von dem süßen Nektarstrom, der spritzt.
Honig saugen: der geformte Mund die Antwort gibt.

Und wenn der Götterhain Dir Lobpreis jubelt,
höre das, und nimm es an,
wenn da einer das Glücke hobelt,
zeigt er wirklich, was er kann!

Verkenne nicht den Sinn der Worte:

Gesagt, geschrieben sind sie mit Bedacht,
sie sind allein für Dich gemacht,
und wer anders liest, kennt nicht die Orte.

Es soll dich irritieren – und auch reizen,
zu geben und zu zeigen mehr,
das Leben ist nun mal die Lehr´
und bittersüß schmeckt nun der Weizen.

Doch das Korn, das nährt Dich redlich,
Verführung lauert überall,
und wenn Lüge ist der Fall,
verliere nicht die Spur, verfehl' nicht.

Versprochen ist Dir das ewige Heil,
schon mit der Geburt ist´s angenommen,
und erringen wirst Du – es trifft der Pfeil,
was Du hast vernommen, mit der Weil.

So ist es dann zu Dir gekommen,
als ein Kindlein – biete das Glück nicht feil,
die erste Stufe ist erklommen.

Wer das isst, was Leben spendet,
tue dieses im Symbol,
den jene Geilheit wieder endet,
die gespendet durch das schwere Mol -
was bleibet ist ein Gier nach Mehr - und dumpfes Hohl.

Entscheide Dich – und seie willig,
tu´ wobei dir ist recht wohl,
der eine mag dir wohl zu hohl,
der andre will´s zu billig.

Tatsächlich kann der Vergeltung Scherz,
rechtens sein in Gottes Lande,
denn mancher spürt die eigen Schande,
nur durch den körperlichen Schmerz.

Drum ist der Mensch auch aus Gefühlen,
er spürt, bevor der Gedanke steigt,
zerreibt den Verräter in seinen Mühlen.

Und wer sich den falschen Herren neigt,
begünstigt nur das, für´s eigene Fühlen,
bemerkt er bald sein eigen Leid.

Denke gut – und lebe recht,
der höchste Herre ist ein Knecht,
der dienen mag, dem Leben und der Liebe,
und wer´s hat: oft sind das Diebe,
die stehlen wollen Leib und Seel´:
und enden nicht mal in heidnisch´ Heel.

Es kann also dem Gerechten billig,
nicht was dem Verbrecher ist die Mache,
erst wenn er merkt die eigne Sache,
ist anders als gewollt, dem Feinde füllig.

Was Du nicht willst, was man Dir tu`,
bedenke - was das hat im Ruch,
Ist in der Tat ein Richterspruch!
-...füg´ das auch keinem andern zu!

Doch wenn da einer kommt geritten,
zu stören Fried und Eintracht´,
darf der Letzte um ihn bitten:

So höre wie der Teufel lacht,
denn Lucifer ist Gottes Diener,
auch wenn er nicht will: Wer hätt´s gedacht!

Es ist der Schöpfung, schöne, Eine -
was das ehrlich´ Auge sieht,
und schaut es auf das glänzend Feine,
muss die Frag' erlaubet sein:
Was ist das für Eine?

Sei es, dass man dem Abgrund flieht:

So fliegt der Sommervogel bald:

**Wenn fliegt der Schmetterling,
die Raupe fraß,**
auf der Such´ nach Paarung,
stolz ob seiner Farbenpracht,
und seiner grauen Reife;
es macht halt die Erfahrung.
Doch weiß er weder hin -
noch her,
scheinbar eine Wahrung
bei der Wahl der bunten Blüten
der kühlen Tau – ist die Erfrischung,
was sich die Anderen doch da mühten.

In seinem angestrengten Tun,
nimmt er weg die Sonne,
verkümmert sie, er wollt es schon,
es ist nicht lieb, doch Wonne,
bleibt dürr von seinem Schatten,
nur ein Hälmchen steh´n:

So ist es der Lilith gerecht geschehen!

Die Antwort ergibt die wahre Jugend,
das Streben nach der reinen Tugend -
die erlaubet, auch wenn da Lüge:

Facettenreich - ist Gottes Liebe!

Juli

Blütenmeer

In des Sommers heißen Tagen
steht mit Dornen, rot die Rose,
daneben weiß der Lavendel, lose,
die Blüten des Storchenschnabels ragen.

Senkt sich lau der Abend,
blühet erst Mirabillis,
und lieblich die Linde habilis,
die Brunnenkresse bunt und labend.

Und wenn bricht herein die Nacht,
schaust Du Selenicereus grandiflorus. -
....und einmal in des Jahre Mitte mit Bedacht.

Die Schwüle bringt in Dich phreneticus
denn der kühlende Mond in Anbetracht,
ist es ein Rausch: Delirius.

August

Süße Verführung

Rot, sagt die Kirsche, ich bin gereift,
wie Zucker schmeckt - die volle Frucht,
und wer beständig im Walde sucht,
findet Nahrung, wenn er in die Sträucher greift.

Doch bedenke die Verführung,-
ein Zuviel will Dir nur schaden,
die Schmeissflieg´ kommet aus den Maden,
verpuppt sich aber schlicht der Schmetterling.

Der Herregott ernährt sie noch:
Schau auf die Spatzen in der Luft,
sie säen nicht und ernten doch,

Und der Sommerblume Duft,
erfüllt der Raume Woch´ um Woch´,
die Lerche Dir am Himmel ruft.

September

Spätsommergenuss

Geschwängert der Aether ist mit Pollen,
gesüßt die ganze Atemluft,
heimlich frisch ist solcher Duft,
und stärket in Dir das menschlich Wollen.

Durchwoben die Natur mit Silberfäden,
die roten Trauben hängen prall,
der Apfel wartet auf den Fall,
die Natur bietet Frucht in vollen Läden.

Lieg´ ich hier, an Ufer der Ahr -
bedecke mein Haupt mit Stroh -
sinne nach wie schön es werde - und es war.

Macht mich der Gedanke froh,
säuselt mir der Winde durch das Haar -
so bist Du immer bei mir - da: im Irgendwo.

Herbstsonett

Die Nächte werden länger -
die Tage sind jetzt kälter
Du bist ein wenig älter,
...unterwegs die Kinderfänger.

Hab Obacht – auf was dir lieb,
und schaue in die Augen,
du kannst nicht jedem trauen -
dem Jäger ist es ein Trieb.

Bedenke was Du willst,
und was Freude Dir bereitet,
und wie Du das Verlangen kühlst.

Gehe stets gedankenwach,
ein Engel Dich begleitet..!
bringt Dir der Drange Ungemach?!

Oktober

Erntezeiten

In des Herbstes hohen Zeit,
golden steht das Ährenfeld,
für Fleiß´ der Mensch den Lohn erhält,
für die Arbeit auf den Äckern weit.

Ob Gerste, Weizen, Mais – ob Raps,
alles dient redlich der Ernährung,
es ist die wunderbare Mehrung:
Die Sonne, Erd´ und Wasser schafft.

So lab´ dich an der Erden Frucht.
Was die Natur erwachsen lässt,
mit Gottes Segen wurd´ vollbracht.

Gemäßigt – von der vollen Tafel esst:
Fröhlich, alle Pfünden die gebracht,
völlig sei das Erntefest.

November

Einkehr

Wenn die Tage kürzer sind,
der Frost schon die Felder kühlt,
der Maulwurf nach den Würmern wühlt,
sich außen keine Nahrung find´.

Nutze den Vorrat, den Du angelegt,
und das Licht das Dir stets bleibt,
das Tagewerk des Jahres zeigt,
was Dir das Leben jetzt belegt.

Du sieht nicht mehr den Dachs, der schläft,
auch das Eichhorn – das sich warm gebettet -
zu warten bis die Natur sich neu belebt.

Pur ist das Dasein in diesen Wochen,
bist geworfen auf Dich selbst,
schon hat der Schnee den Ast gebrochen.

Dezember

Kristallene Vorfreude

Der Wind treibt den Schnee voran,
der Frost macht starr den Halm,
nur in der Stube ist es warm,
drum zünde doch das Lichtlein an.

Frisch und kalt an diese Tagen,
klar und kühl ist auch die Nacht.
bete zu Marien in Stillandacht,
kannst die Härte dieser Zeit ertragen.

Denn bald schon, wenn das Christuskind,
durchgeht tief schon diese Furt,
sich der Sonnenstrahle find´.

Und hütest selbst im frühen Jahr,
Du feierst das Leben der Geburt,
das Kinde – was ist lieb´ fürwahr.

Findung

Da streifte durch den Wald dereinst,
die Jungfer hold: Wie Du im Licht erscheinst,
über grüne Au und entlang der klaren Wasser,
samtig das Antlitz in der Sonne; ein wenig blasser!

Nicht auf der Suche nach dem Irgendwas,
doch aufmerksam voll Freude,
hat sie an dem Schmettlerlinge ihren Spaß,
und an dem Rehlein, das da scheute.

Hebt auf die Wurzel, grün von der frischen Flechte,
sieht über der Eichenkrone hoch, den Falken kreisen,
schaut sie auf der Wacken grau – und will das Echte,
lässt sich von nichts irren: vom glänzend Lacken - auf den Reisen.

Und geht tiefer in Forst und Tann – forsch auf dem Pfad entlang,
der wohl schon einer vor ihr bahnt, der hofft und ein wenig ahnt,
das wird hier folgen dem sanften Wege dann, frohgestimmt beim
Vogelsang, denn schon die Großmutter sie warnt, vor dem der die
falsche Route plant.

Und immer tiefer in den Busch – bis ins Gehölz,
tastet ihr Fuß sich vor – und vor,
es ist als spüre sie den Buben Belz,
und plötzlich stehet sie vor einem Tor!

Und Musik erklingt und Wohlgesang,
ein leichtes Klopfen – ihr ist nicht bang,
es legt sich leicht auf ihrer Schulter,
wie eine Hand - und auf Ihr Haupte beide!

Die Schwingen eines Zaubervogels,
wehe Dir – wenn Du da mogelst,
des Herze bebt – der Geist wird frei,
die Seel´ erhebet – bleib dabei und: Sei!

Was Du gefunden hast im Traum,
ist mächtiger als des Hermelines Saum,
Flora huldigt dem schönen Faun,
es ist des Lebens ewiger Raum:

So suche in der Schöpfung das,
was macht Freude – nicht nur Spaß,
so hast Du bald im Herz den Schatz,
und an der Tafel einen Platz.

Wenn das Glücke Dir begegnet,
der Geist der Liebe nieder regnet:
Hast Du gefunden - was Dich beweget,

hat Gott der Vater dich gesegnet!

Der Serval -

ist eine wilde Katz´,

hat kleine Pfoten,

und lebt im Gras!

Hat schmale Hüften -

jagt mit Spaß,

auch mal den Vogel,

aus den Lüften.

Nicht mit Hatz,

über die Klüften,

fängt sie mit einem Satz,

den Schatz -

für Mittagessen!?

Der Serval,

ist gerne Sieger -

mag es total,

wie ein Tiger -

hat Lust auch mal:

- scheut den Rival,

doch ist´s fatal : -

für die Beute,

auf die sie zielt,

zerreißt die Häute,

wenn sie spielt,

in hohem Gras,

an den Ufern -.

Wie sie da saß,

vor Ratt und Maus:

mag sie den Fraß!

Schlägt sie im Sprung!

In Afrikas Savanne,

mit starkem Schwung,

doch ohne Panne:

- kreuzt man sie,

und das ist möglich:

mit der Muschi -

aus dem Haus -

ist es mit dem

Wildern aus!

-kpg-©-April.2020

Notizen